BEI GRIN MACHT SICH IHR
WISSEN BEZAHLT

- Wir veröffentlichen Ihre Hausarbeit,
  Bachelor- und Masterarbeit

- Ihr eigenes eBook und Buch -
  weltweit in allen wichtigen Shops

- Verdienen Sie an jedem Verkauf

Jetzt bei www.GRIN.com hochladen
und kostenlos publizieren

Bibliografische Information der Deutschen Nationalbibliothek:

Die Deutsche Bibliothek verzeichnet diese Publikation in der Deutschen National-
bibliografie; detaillierte bibliografische Daten sind im Internet über http://dnb.d-
nb.de/ abrufbar.

Impressum:

Copyright © 2016 GRIN Verlag, Open Publishing GmbH
Druck und Bindung: Books on Demand GmbH, Norderstedt Germany
ISBN: 9783668309340

Dieses Buch bei GRIN:

http://www.grin.com/de/e-book/340728/verkaufsmanagement-im-fitnessstudio-
phasen-des-verkaufs-und-selbstkonkordanz

Nathalie Blessing

Verkaufsmanagement im Fitnessstudio. Phasen des Verkaufs und Selbstkonkordanz

GRIN Verlag

GRIN - Your knowledge has value

Der GRIN Verlag publiziert seit 1998 wissenschaftliche Arbeiten von Studenten, Hochschullehrern und anderen Akademikern als eBook und gedrucktes Buch. Die Verlagswebsite www.grin.com ist die ideale Plattform zur Veröffentlichung von Hausarbeiten, Abschlussarbeiten, wissenschaftlichen Aufsätzen, Dissertationen und Fachbüchern.

Besuchen Sie uns im Internet:

http://www.grin.com/

http://www.facebook.com/grincom

http://www.twitter.com/grin_com

Deutsche Hochschule für

Prävention und Gesundheitsmanagement

Hermann Neuberger Sportschule 3

66123 Saarbrücken

Einsendeaufgabe

Fachmodul: Verkaufsmanagement

Studiengang: Fitnessökonomie

Name, Vorname: Blessing, Nathalie

Semester: **SS 2015**

Inhaltsverzeichnis

1 Klassifizierung/Einordnung

Tab. 1: Klassifizierung/Einordnung Ausbildungsbetrieb

Name der Anlage und Standort (Stadt/Gemeinde):	
████████████████████	
	Klassifizierung/Einordnung
Anlagenstruktur:	Gemischtes Studio
Größe der Anlage:	1.500 bis 2499 qm
Preisstruktur der Anlage:	60,00 € bis 89,99 €
Beschreibung der Kernleistungen (siehe Aufgabe 1):	Verkauf von Mitgliedschaften

2 EA 1: Verkaufsmanagement

2.1 Verkaufsorganisation

In meinem Ausbildungsbetrieb wird der Verkaufsprozess in neun Phasen gegliedert. Diese werden in regelmäßigen Abständen in internen Schulungen geübt, durch Kurztests getestet und in einem Leitfaden für alle Mitarbeiter zusammengefasst.

Salesphase 1 = Generieren von Interessenten
Unsere Kontakte werden über Promotion, Kampagnen und durch die Mitarbeiter im Club generiert. Ohne das Generieren von Kontakten kann kein aktiver Verkauf stattfinden.

Salesphase 2 = Begrüßen und Kennenlernen (Die Macht des ersten Eindrucks)
Der erste Eindruck, den der Interessent vom Club und den Mitarbeitern gewinnt, ist ausschlaggebend für ein erfolgreiches Verkaufsgespräch. Es gibt keine zweite Chance für den ersten Eindruck. Hierbei ist auf die Körpersprache und auf ein freundliches Auftreten zu achten. Unser Ziel in dieser Phase ist eine angenehme Gesprächsatmosphäre zu schaffen und einen guten ersten Eindruck zu hinterlassen. Der Berater geht freundlich lächelnd auf den Interessenten zu, gibt ihm die Hand, begrüßt ihn mit seinem Na-

men und stellt sich selbst mit dem Namen und seiner Aufgabe vor. Der Interessent wird mit einer Alternativfrage auf ein Getränk eingeladen: *„Darf ich Sie zu einem Wasser oder Kaffee einladen?"* Folgende Hinweise sind zu beachten: Freude und Interesse signalisieren durch ein ehrliches Lächeln, auf die Körperhaltung und ein gepflegtes Aussehen achten, über aktuelle Aktionen informiert sein, Blickkontakt suchen, präsent sein und selbstsicher auftreten. Die Termine werden alle durch die fünf Eisbrecherpunkte in das Gespräch geführt. Diese lauten:

- *„Waren Sie denn schon mal bei uns?"*
- *„Wie sind Sie auf uns aufmerksam geworden?"* (Nicht bei Promoinfo und VIP-Info fragen!)
- *„Für was interessieren Sie sich genau?"*
- *„Das heißt Sie benötigen Informationen zum Thema ..., sind diese Informationen nur für Sie oder auch für eine weitere Person?"*
- *„Schön, dass Sie da sind! Zunächst kurz zum Ablauf. Sie erhalten eine persönliche Beratung, um herauszufinden welche Trainingsmöglichkeiten für Sie passen. Dann lernen Sie diese kennen zusammen mit dem für Sie passenden Angebot. Um am Ende erwartet Sie eine tolle Überraschung. Darf ich mir während unseres Gesprächs Notizen machen, um Sie besser beraten zu können?"*

Im letzten Eisbrecherpunkt soll ein Überblick über die nächsten Minuten geschaffen werden, damit der Interessent Vertrauen zum Berater aufbauen kann und informiert ist, wie die Beratung aussieht. Bei geplanten Terminen wird an das vorher geführte Telefonat angeknüpft. Außerdem soll immer in kundenorientierter Sprache gesprochen werden, z.B. nicht *„Ich zeige Ihnen dann mal unseren Club."* sondern *„Sie bekommen die Möglichkeit sich den Club anzuschauen."*

Salesphase 3 = Bedarfsanalyse

Nachdem der Interessent begrüßt wurde und der Berater sich vorgestellt hat, geht es in die dritte Salesphase. In dieser Phase werden Bedürfnisse und Wünsche des Interessenten vom Berater ermittelt, Einwände erkannt und bereits vorbehandelt. Hier ist es wichtig, echtes Interesse zu zeigen und den Interessent als Freund zu gewinnen. Ferner ist es wichtig, Lieblingsthemen herauszuhören und sich Zeit dafür zu nehmen. Noch mehr Interesse wird dadurch gezeigt, dass der Berater sich Bedürfnisse/Wünsche des Interessenten notiert, um sie festhalten und reflektieren zu können. Wie diese Notizen gemacht werden, darf der Berater selbst bestimmen. Manche arbeiten lieber mit einem weißen Blatt, andere mit einem vorgefertigten „Easy-Selling-Sheet", auf dem man Merkmale und den persönlichen Nutzen der Leistungen und das „Monster", der Hauptgrund warum der Interessent hier ist, veranschaulicht werden kann. Diese Notizen werden später für die Angebotspräsentation benötigt. Dem Interessenten ist zu signalisieren, dass man gedanklich bei ihm ist, z.b. durch offene Fragestellungen, Gestik und Mimik und tiefgehende Folge- und Verständnisfragen.

Salesphase 4 = Leistungspräsentation

Nur wenn der Berater weiß, welches Trainingsziel der Interessent hat und welche Motivation dahinter steckt, kann er erfolgreich verkaufen. In der Leistungspräsentation zeigt der Berater auf, wie die Individuellen Bedürfnisse, Ziele und Wünsche erfüllt werden.

1. Den Clubbereich dem Bedarf entsprechend eingrenzen (Clubangebot isolieren): *„Gerade für Sie ist der Freihantelbereich besonders gut geeignet. Den Freihantelbereich finden Sie hier."*

2. Funktionalität dieses Bereichs dem Interessenten erklären (Produkt präsentieren): *„Hier finden Sie Kurzhanteln bis zu 50kg, Langhanteln und alle bekannten Geräte..."*

3. Den logischen Nutzen hervorheben: *„Freihanteltraining gewährleistet Ihnen ein vielseitiges Krafttraining, bei dem Sie durch unterschiedliche Übungen gezielt, ihren Vorstellung entsprechend, ihren Oberkörper aufbauen."*

Salesphase 5 = Angebotspräsentation

Der Berater hat hier darauf zu achten, dass nicht nur Preise präsentiert, sondern auch die Werte, die der Interessent aus der Mitgliedschaft zieht. Er nennt die Preise nur im Zusammenhang mit dem persönlichen Nutzen des Interessenten.

Salesphase 6 = Einwandbehandlung

Wenn der Interessent nicht zu 100% überzeugt wurde, wird er einen Einwand vorbringen. Diesen gilt es mit einer professionellen Einwandbehandlung zu entkräften. Wichtige Voraussetzungen für eine gute Einwandbehandlung sind:

1. Eine gute Bedarfsanalyse, um die Trainingsziele des Kunden zu kennen.

2. Einen soliden Überblick darüber, was den Interessenten motiviert.

3. Sich mit den gängigsten Einwänden auseinandergesetzt zu haben.

Schritte in der Einwandbehandlung:

1. Zuhören und nichts sagen

2. Verständnis zeigen und sich mit der Meinung des Interessenten identifizieren

3. Konkreten Einwand erfragen
4. Den Einwand isolieren und eine Bedingungsfrage stellen
5. Lösungen finden (lassen) und den Vorteil mit dem Ziel des Interessenten aus der Bedarfsanalyse verbinden
6. Erfolgreich abschließen

Außerdem gibt es Abschlusstechniken, die den Beratern bei uns helfen sollen, Einwände zu entkräften, z.B. Manager-Close oder Wohlfühlgarantie.

Salesphase 7 = Abschluss

Wenn der Interessent überzeugt wurde, hat der Berater es geschafft und der Interessent wird Mitglied.

Salesphase 8 = Folgegeschäft (VIP)

Da das neue Mitglied nun von unserem Club überzeugt ist, schenken wir ihm sechs hochwertige Einladungen im Wert von 210€ für seine Freunde und Verwandten.

Salesphase 9 = Generieren von Zusatzumsätzen

Für eine optimale Trainingszielerreichung empfehlen wir dem Neumitglied unterstützende Sport(ernährungs)produkte.

2.2 Vergleich mit den 13 Phasen des Verkaufs

Tab. 2: Vergleich 13 Phasen des Verkaufs und Verkaufsprozess Ausbildungsbetrieb

a) „13 Phasen des Verkaufs"	Vergleich	b) Verkaufsprozess im Unternehmen
	Das Generieren von Interessenten wird in den Leitfäden meinem Ausbildungsbetrieb als extra Phase aufgeführt, während diese Phase im Modell a) schon vorausgesetzt wird. Selbstverständlich müssen auch hier im Voraus Interessenten generiert werden.	Phase 1: Generieren von Interessenten
Phase 1: Vorbereitung - Terminmanagement	Bei a) wird die Stufe der Vorbereitung als einzelne Stufe aufgeführt, während in den	

- Beratungszimmer - Benötigte Unterlagen - Informationen über Interessenten - Mentale Einstellung	Leitfäden meines Betriebs diese Phase als selbstverständlich angesehen wird und deswegen nicht aufgeführt wird. Ein passendes Terminmanagement gibt es in meinem Unternehmen, die Berater legen sich vor dem Termin ihre Unterlagen bereit und können Informationen über den Interessenten in einem Infofeld bei dem Termin in unserer Software lesen und sich mental auf die Beratung einstellen. Ein extra Beratungszimmer gibt es allerdings nicht. Die Beratungen werden an unseren Tischen im Bistro neben dem Empfang geführt.	
Phase 2: Kontaktaufnahme - Blickkontakt und freundliches Lächeln - Name und Aufgabe - Siezen, nicht Duzen - Namen des Interessenten	Die Kontaktaufnahme erfolgt in meinem Betrieb exakt wie bei a). Allerdings sind bei uns die Phasen 2 und 3 von a) in eine einzige Phase zusammengefasst.	Phase 2: Begrüßen und Kennenlernen
Phase 3: Aufbau einer persönlichen Beziehung - Begründung für Beratungsgespräch - Strategien zur Gesprächseröffnung - Grundsätze der Kommunikationsverbesserung - Einsatz positiver, nonverbaler Körpersprache	Die Begründung für die Beratung findet bei b) in Phase 2: Begrüßen und Kennenlernen schon im letzten Punkt der Eisbrecherpunkte statt, welche eine Strategie zur Gesprächseröffnung darstellen. Bis auf das die beiden Phasen 2) und 3) von a) in meinem Betrieb als eine Phase zusammengefasst sind, stimmen diese komplett überein.	
Phase 4: Bedarfsanalyse - SPIN-Methode - Bewusste Bedürfnisse herausfinden - Unbewusste Bedürfnisse	Grundlegend stimmen die beiden Prozesse überein. Bei b) wird lediglich die SPIN-Methode nicht extra geschult. Jedoch ist es natürlich trotzdem möglich, diese anzuwenden, falls ein Berater das	Phase 3: Bedarfsanalyse

herausfinden - Fragetechniken anwenden - Notizen machen - Signalwörter einsetzen - Aktiv zuhören - Redeanteil beachten - Zurückhalten und weitere Fragen stellen - Pacing einsetzen - Einwandvorbehandlung durchführen - Keine Angebotspräsentation durchführen	gerne machen möchte. Dass der Redeanteil beachtet wird, ist auch in meinem Betrieb theoretisch so gewünscht, aber praktisch wird dies nur sehr selten umgesetzt.	
	Die Leistungspräsentation soll in meinem Betrieb eine eigene abgegrenzte Phase darstellen. Hier zeigt der Berater dem Interessenten auf, wie die individuellen Ziele, Wünsche und Bedürfnisse erfüllt werden. Auch der Studiorundgang, welcher im Modell a) nicht extra aufgeführt ist, gehört in dieser Phase zu unserem Prozess. Hierbei soll nebenbei schon etwas Feedback eingeholt werden: „Können Sie sich vorstellen, hier ihr – Monster- zu erreichen?", „Entspricht das Ihren Erwartungen?"	Phase 4: Leistungspräsentation
Phase 5: Die Durchführung einer Angebotspräsentation - Merkmale beschreiben - Vorteile aufzeigen - Nutzen liefern - Vorgehen koppeln - Nutzenargumentation	Bei der Angebotspräsentation fasst der Berater die Leistungen und deren persönliche Vorteile mithilfe der nutzenorientierten Argumentation für den Kunden zusammen mit dem passenden Angebot zusammen. Der Einsatz von rhetorischen Mitteln hängt in meinem Ausbildungsbetrieb vom Berater ab. Manche Berater	Phase 5: Angebotspräsentation

auf Motivgruppe ausgerichtet - Sinnesaktivierung - Rhetorische Mittel einsetzen	arbeiten stark damit, andere weniger. Präsentiert kann das Angebot mithilfe eines vorgefertigten Easy-Selling-Sheet, auf dem Leistung, Nutzen und Preis zusammengefasst wird, oder mithilfe eines Verkaufsprogramms am PC.	
Phase 6: Angebots- und Bestätigungsphase - Vorteile des Dienstleistungskaufs erklären - Bestätigungs- und Suggestivfragen einsetzen	Laut Modell a) sollen hier nochmal speziell die Vorteile, die die Mitgliedschaft für den Kunden persönlich mit sich bringt, hervorgehoben werden. Diese Phase wird in meinem Ausbildungsbetrieb nicht gesondert aufgeführt. Suggestivfragen wie „Wäre es Ihnen denn wichtig, schmerzfrei zu leben?" werden hier auch nochmal aufgegriffen, jedoch werden sie auch schon während der Leistungspräsentation gestellt.	
Phase 7: Entschluss für Fitness und Gesundheit - Frage zur Grundsatzentscheidung formulieren - Positive Grundsatzentscheidung erhalten	Die Grundsatzentscheidung wird in meinem Unternehmen so nicht besprochen und auch nur teilweise bei manchen Beratern angewandt.	
Phase 8: Preispräsentation für die Mitgliedschaft - Möglichkeiten und Preisgestaltung aufzeigen - Preis und Nutzen in Relation darstellen - Kleiner Preis und großer Nutzen	Die Stufe 8 des Modell a) gehört in meinem Betrieb zur Phase 5 der Angebotspräsentation dazu. Die Schritte innerhalb der Phase sind allerdings gleich, es wird nur nicht in mehrere Phasen aufgeteilt. Es besteht bei b) ein direkter Übergang zwischen der Präsentation von Leistungen in Verbindung mit dem Angebot und dem Preis durch nutzenorientierte Argumentation. Bei der Preispräsentation wird bei uns als erstes das Startpaket genannt, da das mit 169€ der Bestandteil der Mit-	

	gliedschaft ist, die dem Kunden am teuersten erscheint. Danach werden Service- und Kartenpauschalen für 24€ pro Quartal für den Service und einmal jährlich für die Karte präsentiert und als letztes erst der wöchentliche Beitrag für die Mitgliedschaft, die je nach Paket verschiedene Leistungen enthält und dementsprechend unterschiedlich viel kostet.	
	Bei b) ist die Einwandbehandlung als extra Phase aufgelistet. Hier sollen konkrete Einwände erfragt, isoliert und gelöst werden bzw. vom Kunden selbst gelöst werden lassen. In unserem QM gibt es für verschiedene Einwände mögliche Lösungen als Beispiele, an denen sich die Berater orientieren können.	Phase 6: Einwandbehandlung
Phase 9: Das „Ja" für die Mitgliedschaft - Empfehlung aussprechen - Einsatz von Alternativfragen - Klare Preisakzeptant	Auch diese Phase des Modell a) gehört in meinem Betrieb noch nur Angebotspräsentation, wird inhaltlich aber genau gleich gehalten.	
Phase 10: Preispräsentation für das Startpaket - Nutzen des Startpakets aufzeigen - Günstige Relation des Preis-Leistungs-Verhältnisses	Wie schon genannt, wird in meinem Betrieb das Startpaket als erstes präsentiert, noch vor den Pauschalen und den wöchentlichen Beiträgen, während es bei a) erst danach präsentiert wird. Inhaltlich wird bei beiden Prozessen auch erst der Nutzen aufgezeigt und die günstige Relation des Preis-Leistungs-Verhältnisses betont.	
Phase 11: Vorabschluss - Vorabschluss durchführen	Um eine Ablehnung des Kunden zu vermeiden, wird bei beiden Prozessen ein Vorabschluss durchgeführt, bei dem Ab-	

- Ein „Nein" verhindern - Drei-Schritte-Strategie anwenden - Meinungsfragen einsetzen - Provisorische Abschlussfrage stellen - Definitiven Abschluss durchführen	schlusssignale des Kunden genau beobachtet und die Drei-Schritte-Strategie angewendet werden. Bei b) ist diese Phase wieder nicht extra aufgeführt und zählt immer noch zur Angebotspräsentation. Der Berater geht in meinem Betrieb genauso vor, wie in Modell a) beschrieben.	
Phase 12: Abschluss einer Mitgliedschaft - Abschluss durchführen - Mitgliedschaft wird vom Berater ausgefüllt - Vorgehen wird erläutert - Zeit zum Durchlesen der Mitgliedschaft geben	Diese Phase ist in beiden Prozessen als extra Phase aufgeführt und wird auch inhaltlich gleich gehalten. Der Berater füllt die Mitgliedschaft aus und erläutert dem Mitglied Schritt für Schritt die Bedeutungen der Eintragungen. Zum Schluss gibt er ihm Zeit zum Durchlesen und Unterschreiben der Mitgliedschaft.	Phase 7: Abschluss
Phase 13: After-Sales-Phase - Mögliche Bestandteile anwenden - Kognitive Dissonanz vermeiden	Die After-Sales-Phase wird in meinem Betrieb gemacht, aber nicht im Leitfaden festgehalten. Das Neumitglied wird herzlich willkommen geheißen, es bekommt eine Willkommensmappe, eine eigene Flasche und seine Mitgliedkarte überreicht und es bekommt in der darauffolgenden Phase VIP-Gästekarten für Freunde und Familie.	
	Diese Phase von b) zählt in a) noch zur Phase des After Sales. Jedes Mitglied bekommt sechs Gastkarten als hochwertige Gutscheine für Freunde und Familie. Hierbei wird auch der Nutzen und Wert besonders hervorgehoben.	Phase 8: Folgegeschäft (VIP)
	Zum Schluss werden dem Mitglied zur Erreichung seiner Ziele noch passende Nahrungsergänzungsmittel empfohlen,	Phase 9: Generieren von Zusatzumsät-

um später dadurch Zusatzumsätze generieren zu können.	zen

2.3 Verkaufsprozessoptimierung

In meinem Ausbildungsbetrieb sehe ich persönlich einige Möglichkeiten, den Verkaufsprozess noch zu optimieren. Eine erste Möglichkeit wäre das Einführen eines Beratungszimmers, sodass die Beratungen nicht mehr im Bistro durchgeführt werden. Sobald mehr als eine Beratung zur gleichen Zeit stattfindet, sitzen die Interessenten sehr dicht aufeinander und können eventuell Gesprächsabschnitte der anderen Beratung mithören. Das sehe ich kritisch, wenn es zum Beispiel in der Bedarfsanalyse um vertrauenswürdige Ziele, Wünsche und Probleme oder gar Erkrankungen geht. Außerdem kann es dazu kommen, dass ein Interessent Einwände bringt, auf die der andere gar nicht erst gekommen wäre, aber sie ihm dann ebenfalls einleuchten, weil er sie vom Nebentisch mitbekommen hat. Allgemein bin ich der Meinung, dass der komplette Leitfaden meines Betriebs überarbeitet und detaillierter gestaltet werden könnte. Einige Punkte wie z.B. die Vorbereitung sollten nicht einfach vorausgesetzt werden, sondern genauer aufgeführt sein, da das auch die Einarbeitung von neuen Kollegen zukünftig deutlich einfacher gestalten würde. Gerade im Bereich der Angebotspräsentation werden einige Phasen übergangslos zusammengefasst. So kommt es vor, dass zum Beispiel die Grundsatzentscheidung von manchen Beratern gar nicht gemacht wird. Durch genauere Strukturen würden sich bestimmt viele Berater sicherer in ihrem Vorgehen fühlen. Auch auf kleine Details wie zum Beispiel bewusstes Pacing oder die Sitzposition des Beraters und des Kunden schräg gegenüber mit ca. 1,3 bis 2,3 m sollte meiner Meinung nach in meinem Ausbildungsbetrieb besser geachtet werden. Ein weiteres Problem ist, dass der optimale Redeanteil von 20 % des Kunden zu 80 % des Beraters nur sehr selten eingehalten wird. Oft redet der Berater deutlich mehr. Insgesamt aber finde ich, dass sich inhaltlich der Verkaufsprozess bei den „13 Phasen des Verkaufs" und im Leitfaden meines Unternehmens sehr ähnelt. Lediglich auf die eben genannten Details könnte besser eingegangen werden und eine klarere Trennung der Phasen wäre hilfreich, um den Verkaufsprozess in meinem Betrieb zu optimieren.

3 EA 2: Kundenorientierung

3.1 Konzept der Selbstkonkordanz – Transformation der Modi

Das Konzept der Selbstkonkordanz wurde im Jahre 1999 von Sheldon und Elliot eingeführt. Es beschreibt das Ausmaß, in dem eine Zielintension den authentischen Interessen
und Werten einer Person entspricht. Je mehr ein Ziel den persönlichen Interessen, Wün-
schen und Bedürfnissen entspricht, desto selbstkonkordanter ist dieses Ziel und desto
erfolgreicher gestaltet sich die Erreichung dieser Zielintension.

Das Ausmaß der Selbstkonkordanz wird nach Sheldon und Elliot in vier unterschiedlichen Motivationsmodi beschrieben:

- **Extrinsischer Modus**: Extrinsische Ziele werden aufgrund von äußeren Anrei-
  zen oder Zwängen ausgewählt.

→ **Überführung in den Introjizierten Modus**: Zur Strategieentwicklung für die
  Überführung der Modi soll das transtheoretische Modell (TTM) als roter Faden
  dienen. Dieses beschreibt Veränderung von Gesundheitsverhalten, mit Berück-
  sichtigung der zeitlichen Perspektive einer Verhaltensänderung in folgenden
  fünf Verhaltensstadien: 1. Absichtslosigkeit 2. Absichtsbildung 3. Vorbereitung
  4. Handlung und 5. Aufrechterhaltung.

  Um den Kunden in den introjizierten Modus zu überführen, arbeiten wir mit
  Konfrontation, Reflexion und Information. Wir versuchen ein Problembewusst-
  sein bei ihm zu schaffen und eine persönliche Betroffenheit des Problemverhal-
  tens bei ihm herzustellen. Außerdem zeigen wir ihm seine persönlichen Vorteile
  und positive Konsequenzen der Verhaltensänderung auf. Hierbei kann die An-
  wendung von nutzenorientierter Argumentation und der SPIN-Methode helfen.
  Angelehnt an das TTM bedeutet das, dass wir von Absichtslosigkeit und Absichtsbildung hin zu der Vorbereitung kommen.

- **Introjizierter Modus**: Introjizierte Ziele basieren auf bereits verinnerlichten
  Wertvorstellungen, die allerdings nicht direkt den eigenen Werten entsprechen,
  aber dennoch als sinnvoll anerkannt werden.

→ **Überführung in den Identifizierten Modus**: Aufklärung (z.B. Motivationsloch
  erklären) wäre eine Möglichkeit der Überführung in den nächsten Modus. Wir
  versuchen den Kunden außerdem zum Handeln (von Stufe 3 zu Stufe 4 des
  TTM) zu bewegen, indem wir ihm realistische Aktivitäten vorschlagen und ihn
  bei einer smarten Zielsetzung unterstützen.

- **Identifizierter Modus**: Beim identifizierten Modus werden Ziele verfolgt, weil die Person nach freier Entscheidung davon überzeugt ist, dass diese Ziele sich nach den eigenen übergeordneten Wertevorstellungen richten.

→ **Überführung in den Intrinsischen Modus**: Bildung von Trainingstandems, um von der Stufe 4 des TTM „Handlung" zur letzten Stufe 5 „Aufrechterhaltung/Stabilisierung" zu kommen. Die Trainingspartner können feste Termine vereinbaren, sich treffen, motivieren und somit ihr positives Verhaltensmuster festigen, sodass es zur Gewohnheit wird. Eine weitere Möglichkeit wäre das Anbieten von Kursen mit verschiedenen Stufen (z.B. Einsteiger, Fortgeschritten, Experten), da somit auch die Wahrscheinlichkeit auf Erfolg erhöht wird und keine Stagnation eintritt. Auch neue Angebote oder die Aktivität auf der Trainingsfläche (mit Kunde reden, loben, motivieren) können zur Überführung in den intrinsischen Modus beitragen.

- **Intrinsischer Modus**: Intrinsische Ziele betreffen persönliche Bedürfnisse und werden von der Person frei ausgewählt und verfolgt. Die Handlung wird um ihrer Willen selbst ausgeführt.

3.2 Kundenbindung

Maßnahmen meines Ausbildungsbetriebs, um dem „Motivationsloch" nach den ersten 5-12 Wochen nach Abschluss einer Mitgliedschaft entgegenzuwirken:

1. **Ziele formulieren**: Beim ersten Trainertermin, den die Neumitglieder in unserem Studio haben, werden von den Mitgliedern selbst konkrete Ziele formuliert und in ihrem Erfolgsbuch festgehalten. Der Trainer steht ihnen hier beratend zur Seite und unterstützt die Mitglieder fachlich bei der Zielformulierung. Diese Ziele richten sich nach der SMART-Formel und beinhalten immer Inhalt, Ausmaß und Zeit, sodass sich die Zielintension des Neumitglieds in konkrete, handlungswirksame Ziele umwandelt.

2. **FIT 100 Pläne**: Unsere Mitglieder erhalten bei ihrem ersten Trainertermin einen FIT100 Plan, den sie jedes Mal vor ihrem Training in unsere FIT100-Box einwerfen. Die Trainer leeren die Box regelmäßig, unterschreiben einen der 100 Punkte mit ihrem Kürzel und bringen den Plan zum Mitglied, um eine Ansprache zu machen. So ist nicht nur gewährleistet, dass das Mitglied bei jedem Training einen Trainerkontakt hat, sondern es wird auch die Anwesenheit festgehalten, sodass in regelmäßigen Abständen Re-Checks gemacht werden können.

Außerdem gibt es zwischendurch immer wieder kleine Belohnungen, wie zum Beispiel einen Shake oder einen Proteinriegel gratis, den die Mitglieder sich nach einer bestimmten Anzahl an Trainingseinheiten dann am Empfang abholen dürfen.

3. **Re-Checks**: Die Re-Checks finden bei uns immer nach 25 Trainingseinheiten statt und orientieren sich am FIT100 Plan. Hierbei wird eine InBody-Analyse gemacht, um zu sehen wie sich die Körperzusammensetzung des Mitglieds verändert hat. Hierbei angelehnt werden die Ziele aus dem Erfolgsbuch überprüft und gegebenenfalls neu formuliert. Das Trainingsprogramm wird entsprechend verändert, angepasst oder komplett überarbeitet.

4. **Wo bist du?**: Wenn ein Mitglied drei Wochen am Stück nicht im Training war, bekommt es eine Postkarte von uns zugesandt. Auf dieser steht, dass das Mitglied vermisst wird, dass es doch gerne einen Termin für einen neuen persönlichen Trainingsplan vereinbaren kann und die Unterschriften aller Trainer. Erscheint das Mitglied innerhalb von einer Woche darauf immer noch nicht, fällt es in die telefonische Betreuung und wird angerufen.

5. **Trainingsbetreuung und Service**: Mein Ausbildungsbetrieb möchte sich durch erstklassigen Service und eine gut strukturierte Trainingsbetreuung von den Mitbewerbern abheben. Es sind zu jeder Zeit Trainer anwesend, die während ihrer Betreuung die Mitglieder loben, korrigieren und motivieren.

3.3 Zusatzverkäufe

Tab. 3: Zusatzverkäufe aktuell

Produkte/Leistungen aktuell	Bereich
Nahrungsergänzungsmittel (z.B. Eiweißshakes, L-Carnitin Ampullen, Eiweißriegel,...)	Theke
Upgrades an Modulen (z.B. Solariumflatrate, Massageliege, Milon Zirkel, Power Plate,...)	Vertrieb
Pulsuhren, Pulsgurte	Training

Tab. 4: Zusatzverkäufe Vorschläge

Produktvorschläge	Bereich	Zielgruppe	Argumente
Zubuchung von bestimmten Konzepten (z.B. Ernährung & Abnehmen oder Rücken & Gelenke) mit speziell darauf abgestimmten Trainerterminen und Seminaren	Vertrieb	Entsprechend des Konzepts, Unterteilung in mehrere Zielgruppen, z.B.: - Abnehmen & Ernährung - Vitalität & Fitness - Rücken & Gelenke - Bluthochdruck & Diabetes	- Spezialisierung auf die persönlichen Trainingsziele - Zusammenschluss mit Gleichgesinnten (z.B. durch das Besuchen derselben Seminare der Zielgruppe) - Austausch untereinander möglich
Sportkleidung mit dem Studiologo	Theke und Training	Alle Mitglieder	- „Wir-Gefühl" und Zugehörigkeitsgefühl der Mitglieder - Qualitativ hochwertige Sportkleidung
Fitnessstudio-App fürs Smartphone	Bereichsübergreifend: Gruppentraining, Training, Verwaltung, Vertrieb	Smartphone-Besitzer, jüngere Generation	- Schnelle Terminvereinbarung - Schnelle Übersicht über Informationen (z.B. Kursplan, Öffnungszeiten, Seminare) - News z.B. über Aktionen - Trainingstipps - Community, „Wir-Gefühl" der Mitglieder

4 EA 3: Teams, Motivation & Führung

4.1 Teamentwicklung

1. Phase: Forming

In dieser ersten Einstiegs- und Findungsphase der Teamentwicklung muss sich die Gruppe erst als Team finden. Es wird eine grundlegende Orientierung und die eigene Rolle und Position im Team gesucht. Während dieser Phase herrscht meist noch eine unpersönliche und angespannte Atmosphäre, die geprägt ist von Unsicherheit und formeller Höflichkeit.

Maßnahmen, wie der Teamleiter unterstützend agieren kann:

- Gewährleistung und Anregung eines Meinungsaustauschs zwischen den Teammitgliedern, um die Rollen- und Positionsfindung aller Mitglieder zu erleichtern.
- Einnehmen einer Vorbildfunktion, da sich die Teammitglieder am Verhalten und der Arbeit des Teamleiters orientieren.
- Gute Vorbereitung auf diese Phase und klare Kommunikation von Ziel, Richtung, Struktur und Nutzen der gemeinsamen Zusammenarbeit verkürzen sie.

2. Phase: Storming

In der Auseinandersetzungs- und Streitphase kommt es zu Konflikten, zum Beispiel wegen unterschiedlichen Persönlichkeiten, Arbeitsweisen oder Prioritätssetzungen. Es entstehen Spannungen zwischen den Teammitgliedern und oft bilden sich Cliquen, in denen Meinungen polarisiert werden.

Maßnahmen, wie der Teamleiter unterstützend agieren kann:

- Klare Zielvorgaben und Rahmenbedingungen schaffen.
- Klare Rollenstrukturen entwickeln.
- Gemeinsame Basis der Zusammenarbeit schaffen und das Verbindende betonen.
- Team beobachten, Probleme wahrnehmen, nicht ignorieren und Möglichkeiten zur Konfliktbearbeitung vorschlagen.

3. Phase: Norming

In der Reglungs- und Übereinkommensphase, werden Nomen und Regeln klar festgelegt. Es entsteht ein Wir-Gefühl und es wird sich um Gruppenzusammenhalt und die Einbindung der einzelnen Teammitglieder bemüht. Die Rollenstrukturen werden jetzt klar geregelt und der Informationsaustausch beginnt offener zu werden.

Maßnahmen, wie der Teamleiter unterstützend agieren kann:

- Aufgaben- und Rollenverteilung an Interessen, Bedürfnisse und Stärken der Teammitglieder anpassen.
- Auf Einhaltung der vereinbarten Spielregeln achten.
- Förderung von Kooperationen durch Zusammenführung unterschiedlicher Standpunkte

4. Phase: Performing

In der Arbeits- und Leistungsphase kann effektiv und effizient am gemeinsamen Ziel gearbeitet werden. Die Atmosphäre ist jetzt geprägt von Anerkennung, Akzeptanz und Vertrauen, sodass es auch möglich wird, die Rollenverteilung flexibel zu halten.

Maßnahmen, wie der Teamleiter unterstützend agieren kann:

- Regelmäßige Durchführung von Besprechungen und Standortbestimmungen.
- Beschränkung auf Zielvorgaben und Konzentration auf Entwicklung einzelner Teammitglieder.
- Vertretung des Teams nach außen hin.

Der Teamleiter ist besonders in der Phase des Stormings gefordert, da hier die Gefahr besteht, dass die Gruppe auseinander brechen kann und das gemeinsame Ziel aus den Augen verloren wird. Es ist auch wahrscheinlich, dass die Arbeitsleistung der Gruppe in dieser Zeit nicht sonderlich gut ist. Der Teamleiter muss in dieser Phase besonders aktiv sein, das Team beobachten, die Probleme sensibel wahrnehmen, sich über deren Ursachen klar werden und mit dem Team darüber sprechen.

4.2 Motivation

„Einzelprovisionen sind in der Fitnessbranche die beste Möglichkeit die Mitarbeiter im eigenen Unternehmen dauerhaft zu motivieren."

Einzelprovisionen sind mit Sicherheit eine gute Möglichkeit, um Mitarbeiter dauerhaft zu motivieren, da die Leistung der Mitarbeiter direkt belohnt wird. Es ist eine sehr einfache Methode und vor allem ist sie sehr ergebnisorientiert. So wird eine gute Leistung von jedem Einzelnen anerkannt, was sehr motivierend für die Mitarbeiter sein kann. Außerdem kann sich kein Teammitglied in der Gruppe verstecken, was sehr wahrscheinlich zur Folge hat, dass sich alle anstrengen, weil keiner besonders negativ auffallen möchte. Auch kann man dadurch Spannungen im Team vermeiden, da sich keiner in der Gruppe verstecken kann, wie zum Beispiel bei einer Gruppenprovision, bei der die Provision an das ganze Team geht.

Allerdings hat die Einzelprovision auch Nachteile. Das Teamwork in der Gruppe wird nicht sonderlich gefordert, da jeder für sich selbst arbeitet. In meinem eigenen Betrieb habe ich auch schon die Erfahrung gemacht, dass beispielsweise Termine für Infogespräche oder Probetrainings weggenommen oder bewusst nur bei einem selber terminiert werden, um die Provision zu erhalten, was selbstverständlich für Konkurrenz und schlechte Stimmung im Team gesorgt hat. Ein weiterer Nachteil ist, dass man nur bekommt, was provisioniert wird und zwar nur das. Es könnte sein, das manche Mitarbeiter einen Nachteil haben, zum Beispiel durch Arbeitszeiten. Wenn jemand insgesamt weniger Stunden leistet oder zu vertriebsschwächeren Zeiten arbeitet als andere Mitarbeiter, fällt es ihm schwerer, dieselben Zielzahlen zu erreichen wie derjenige, der mehr oder zu vertriebsstärkeren Zeiten arbeitet.

Somit bin ich der Meinung, dass die Einzelprovision sowohl einige Vorteile, als auch eine Nachteile mit sich bringt, weswegen ich sie nicht als beste Möglichkeit zur Mitarbeitermotivation betiteln würde. Es wäre eine Möglichkeit eine Kombiprovision anzuwenden, welche eine Mischform aus Einzel- und Gruppenprovision darstellt. Hierbei geht ein Teil der Provision an den Einzelnen und der andere Teil geht in einen Gruppentopf. Somit lassen sich sowohl die Vorteile der Einzelprovision, wie z.B. die direkte Belohnung der Leistung oder die Ergebnisorientiertheit, mit den Vorteilen der Gruppenprovision, wie z.B. die Unterstützung der Teamarbeit miteinander vereinbaren.

4.3 Führung

Tab. 5: Leadership-Styles

	Merkmale	Leadership-Style
Fallbeispiel 1	- Klare Anweisungen, exakte Vorgaben → *„exakte Vorgaben, wie sie Ihre Aufgaben zu erledigen haben", „To-Do-Listen"* - Strenge Überwachung, Kontrolle → *„Mehrmals täglich mache ich meine Kontrollgänge"*	Direktiver Stil
Fallbeispiel 2	- Harmonie unter Mitarbeitern und mit der Führungskraft → *„Wir sitzen häufig im Team zusammen und reden viel", „Wir sind ein tolles, eingespieltes Team", „auch in unserer Freizeit"* - Kommunikation von persönlicher Wertschätzung → *„dass sich jeder Einzelne im Team wohlfühlt und sich völlig frei entfalten kann"* - Vertrauensvoller Umgang → *„Jeder hilft jedem"* - „Wir-Gefühl", Team → *„starker Zusammenhalt", „wir"*	Affiliativer Stil

5 EA 4: Controlling

5.1 Kennzahlen im Vertrieb

5.1.1 Telefonquote

$$\text{Telefonquote} = \frac{\text{Anzahl der vereinbarten Beratungstermine}}{\text{Anzahl der Interessentenanrufe}} \times 100$$

Tab. 6: Telefonquote Ausbildungsbetrieb

	Oktober	November	Dezember	Durchschnitt
Anzahl der vereinbarten Beratungstermine	39	97	110	
Anzahl der Interessenten- anrufe	102	232	246	
Telefonquote in %	**38 %**	**42 %**	**45 %**	**42 %**

Abb. 1: Telefonquote Ausbildungsbetrieb

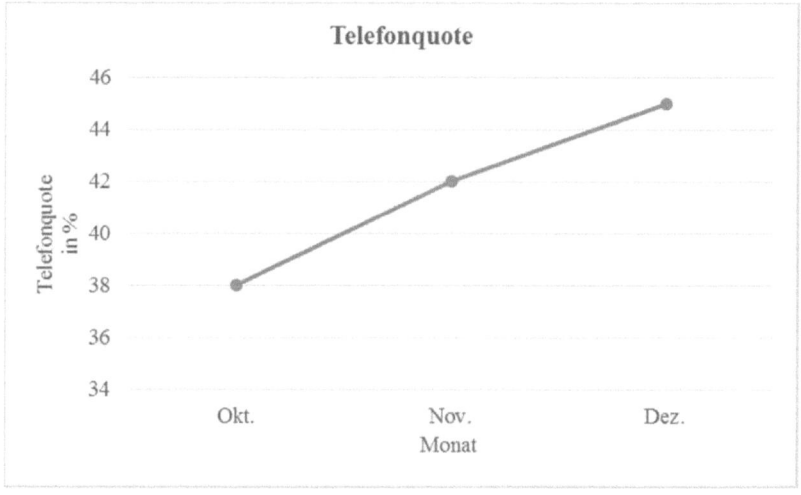

5.1.2 Termineinhaltungsquote

$$\text{Termineinhaltungsquote} = \frac{\text{Anzahl der erschienenen Beratungstermine}}{\text{Anzahl der vereinbarten Beratungstermine}} \times 100$$

Tab. 7: Termineinhaltungsquote Ausbildungsbetrieb

	Oktober	November	Dezember	Durchschnitt
Anzahl der erschienenen Beratungstermine	32	78	81	
Anzahl der vereinbarten Beratungstermine	39	97	110	
Termineinhaltungsquote in %	**82 %**	**80 %**	**74 %**	**79 %**

Abb. 2: Termineinhaltungsquote Ausbildungsbetrieb

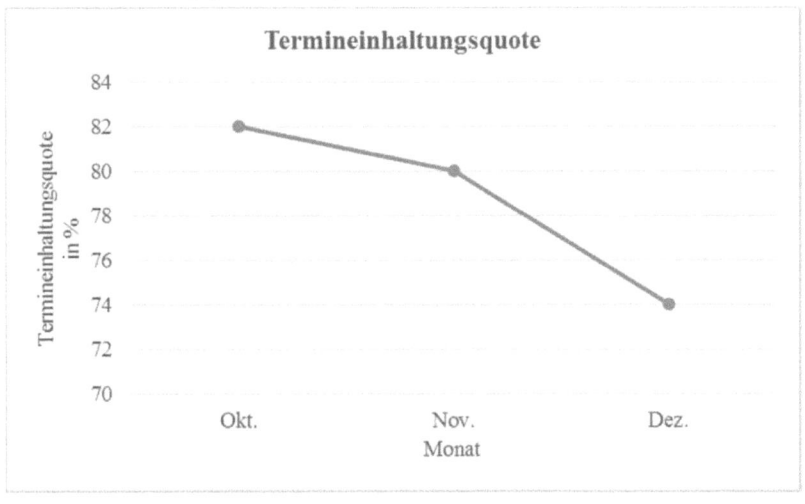

5.1.3   Abschlussquote

$$\text{Abschlussquote} = \frac{\text{Anzahl der abgeschlossenen Mitgliedschaften}}{\text{Anzahl der durchgeführten Beratungen}} \times 100$$

Tab. 8: Abschlussquote Ausbildungsbetrieb

	Oktober	November	Dezember	Durchschnitt
Anzahl der abgeschlossenen Mitgliedschaften	13	24	24	
Anzahl der durchgeführten Beratungen	32	78	81	
Abschlussquote in %	**41 %**	**31 %**	**30 %**	**34 %**

Abb. 3: Abschlussquote Ausbildungsbetrieb

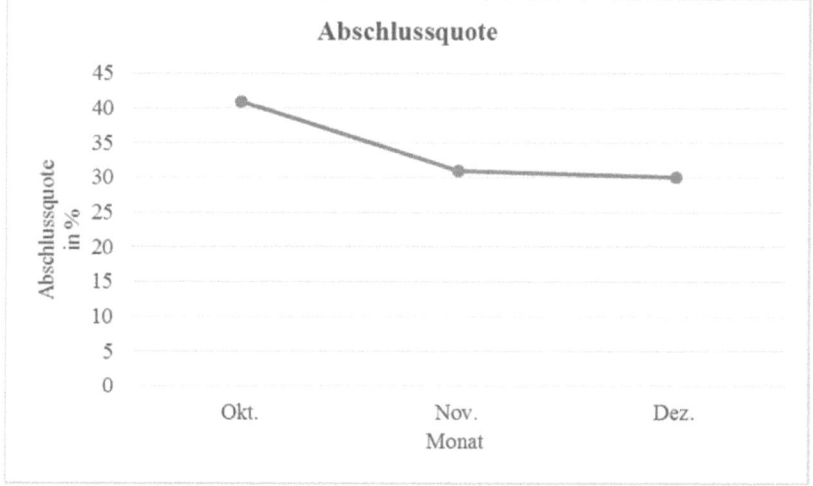

Sowohl die Termineinhaltungsquote, als auch die Abschlussquote haben sich in den letzten drei Monaten nach unten entwickelt. Ein möglicher Grund für den Rückgang der Abschlussquote könnte die Entlassung einer sehr guten langjährigen und erfahrenen Vertriebsmitarbeiterin sein. Die neuen Vertriebsmitarbeiter haben die Leitfäden des Betriebs noch nicht ganz verinnerlicht und es mangelt ihnen an Erfahrung. Dazu kommt es, dass in der Fitness- und Gesundheitsbranche gegen Dezember die Hochsaison ist, was viel Stress im Betrieb verursacht, mit welchem die verunsicherten neuen Vertriebsmitarbeiter noch nicht umzugehen wussten. Oft wurden leider die Bestätigungscalls nicht gemacht, was zur Folge hatte, dass die Termineinhaltungsquote zum

Dezember hin leider auch schlechter wurde. Als Maßnahme wurde jetzt eingeführt, dass täglich ein ausgewählter Mitarbeiter in seinem Terminbuch eine Erinnerung über die Bestätigungscalls hat und dass dieser Mitarbeiter dann auch die Verantwortung darüber trägt, dass diese gemacht werden. Mit den sinkenden Quoten wurde außerdem als Sofortmaßnahme eingeleitet, dass mehr telefoniert wird. Durch die Blockung einiger Mitarbeiter im Terminbuch fürs Telefonieren wurde dafür extra Zeit eingerichtet. Durch das vermehrte Telefonieren von z.B. Promokontakten oder Terminverfolgung erklärt sich die positive Entwicklung der Telefonquote.

Außerdem muss berücksichtigt werden, dass mein Ausbildungsbetrieb ein sehr neues Studio der Fitnessstudiokette ist. Im Juli 2015 wurde ein bestehendes Studio samt seinen Mitgliedern übernommen. Erst nach dem Umbau im Oktober konnte mein Betrieb richtig starten. Die Mitgliederzahlen schwanken zu dieser Zeit stark. Obwohl wir viele neue Mitglieder gewinnen konnten, hat sich der Mitgliederstand kaum verändert. Das liegt daran, dass unsere Verwaltung die Datenbänke erst bereinigen musste, weil unsere Vorgänger diese teilweise unsauber geführt hatten und uns somit viele Mitglieder rausgeflogen sind, mit denen wir ursprünglich gerechnet hatten. Einige wurden gelöscht, weil sie umsonst trainiert hatten, da sie z.B. „gute Freunde des Hauses" waren, bei anderen war beispielsweise der Vertrag schon längst abgelaufen. Des Weiteren lassen sich die untypischen Zahlen erklären, durch viele Umschreibungen von Bestandsmitgliedern des alten Fitnessclubs auf die neuen Konditionen und Leistungen meines Ausbildungsbetriebs. Das alles erklärt auch für die folgende Aufgabe die stark schwankenden und untypischen Zahlen. Dennoch werde ich mit unseren Zahlen rechnen, die ich der Datenbank unserer Software entnehme.

5.2 Fluktuationsquote

$$\text{Fluktuationsquote} = \frac{\textit{Anzahl der Abgänge}}{\textit{Durchschnittlicher Mitgliederbestand}} \times 100$$

Tab. 9: Fluktuationsquote Ausbildungsbetrieb im Jahr 2015

	Anzahl der Abgänge	Durchschnittlicher Mitgliederbestand	Fluktuationsquote in %
Januar	16	683	2,34
Februar	6	$\frac{683+686}{2}=684,5$	0,88
März	14	$\frac{683+686+692}{3}=687$	2,03
April	8	$\frac{683+686+692+690}{4}=687,75$	1,16
Mai	8	$\frac{683+686+692+690+688}{5}=687,8$	1,16
Juni	13	$\frac{683+686+692+690+688+690}{6}=688,17$	1,89
Juli	11	$\frac{683+686+692+690+688+690+682}{7}=687,29$	1,60
August	13	$\frac{683+686+692+690+688+690+682+679}{8}=686,25$	1,89
September	16	$\frac{683+686+692+690+688+690+682+679+671}{9}=684,56$	2,34
Oktober	28	$\frac{683+686+692+690+688+690+682+679+671+686}{10}=684,7$	4,09
November	34	$\frac{683+686+692+690+688+690+682+679+671+686+679}{11}=684,18$	4,97
Dezember	8	$\frac{683+686+692+690+688+690+682+679+671+686+679+685}{12}=684,25$	1,17
Gesamt Jahr 2015	175	$\frac{683+686+692+690+688+690+682+679+671+686+679+685}{12}=684,25$	**25,58**

Für die folgende Teilaufgabe wird mit dem durchschnittlichen Monatsbeitrag von 70€ netto pro Mitglied gerechnet.

Tab. 10: Rechnung Mehrumsatz bei Senkung der Fluktuationsquote um 5%

	Jan	Feb	Mär	Apr	Mai	Jun	Jul	Aug	Sep	Okt	Nov	Dez	Summe
Abgänge (original)	16	6	14	8	8	13	11	13	16	28	34	8	175
5% der Abgänge	0,8 %	0,3 %	0,7 %	0,4 %	0,4 %	0,65 %	0,55 %	0,65 %	0,8 %	1,4 %	1,7 %	0,4 %	
Differenz in MG	1	1	1	1	1	1	1	1	1	2	2	1	14
Abgänge (geändert)	15	5	13	7	7	12	10	12	15	26	32	7	161
Mehrumsatz in €	70	70	70	70	70	70	70	70	70	140	140	70	980
	70	70	70	70	70	70	70	70	70	70	70	70	840
		70	70	70	70	70	70	70	70	70	70	70	770
			70	70	70	70	70	70	70	70	70	70	700
				70	70	70	70	70	70	70	70	70	630
					70	70	70	70	70	70	70	70	560
						70	70	70	70	70	70	70	490
							70	70	70	70	70	70	420
								70	70	70	70	70	350
									70	70	70	70	280
										140	140	140	420
											140	140	280
												70	70
Summe													**5810€**

Der Mehrumsatz für mein Unternehmen beträgt 5810€ netto im Jahr.

6 Literaturverzeichnis

Fuchs, Reinhard. (2016). In: *Institut für Sport und Sportwissenschaft*. Albert-Ludwigs-Universität Freiburg. unter: https://www.sport.uni-freiburg.de/institut/Arbeitsbereiche/psychologie/psych_proj/ssk/sktheorie (abgerufen am: 17.01.2016, 13:51 Uhr).

May, Gerhard. In: *managerSeminare.de*. Das Weiterbildungsportal. unter: http://www.managerseminare.de/Datenbanken_Lexikon/Teamphasen-nach-Bruce-W-Tuckman,158165 (abgerufen am: 13.01.2016, 16.24 Uhr).

Schlaffke, W., Plünnecke, A. (2014). *Studienbrief Verkaufsmanagement*. Saarbrücken: Deutsche Hochschule für Prävention und Gesundheitsmanagement.

7 Abbildungs- und Tabellenverzeichnis

7.1 Abbildungsverzeichnis

7.2 Tabellenverzeichnis